ICH HALTE MEIN ZIMMER GERN SAUBER

Von Shelley Admont
Illustriert von Sonal Goyal und Sumit Sakhuja

www.kidkiddos.com
Copyright©2014 by S. A. Publishing ©2017 by KidKiddos Books Ltd.
support@kidkiddos.com

All rights reserved. No part of this book may be reproduced in any form or by any electronic or mechanical means, including information storage and retrieval systems, without written permission from the publisher or author, except in the case of a reviewer, who may quote brief passages embodied in critical articles or in a review.

Alle Rechte vorbehalten. Kein Teil dieses Buches darf in irgendeiner Form oder durch irgendwelche elektronischen oder mechanischen Mitteln, einschließlich Informationen Regalbediengeräte schriftlich beim Verlag, mit Ausnahme von einem Rezensenten, kurze Passagen in einer Bewertung zitieren darf reproduziert, ohne Erlaubnis.

Second edition, 2018

Translated from English by Tess Parthum
Aus dem Englischen übersetzt von Tess Parthum
German editing by Liane Meyer
Überarbeitung im Deutschen von Liane Meyer

Library and Archives Canada Cataloguing in Publication Data
I love to Keep My Room Clean (German Edition)/ Shelley Admont
ISBN: 978-1-926432-85-4 paperback
ISBN: 978-1-77268-458-2 hardcover
ISBN: 978-1-926432-84-7 ebook

Although the author and the publisher have made every effort to ensure the accuracy and completeness of information contained in this book, we assume no responsibility for errors, inaccuracies, omission, inconsistency, or consequences from such information.

Fur die, die ich am meisten liebe—S.A.

Es war ein sonniger Samstagmorgen in einem weit entfernten Wald. Drei Hasenbrüder waren soeben aufgewacht, als ihre Mama das Zimmer betrat.

„Guten Morgen, Jungs", sagte Mama. „Ich habe euch hier drinnen gehört."

„Heute ist Samstag, wir können so lange schlafen, wie wir wollen", sagte der mittlere Bruder mit einem Lächeln.

„Ihr könnt noch eine Weile in euren Betten bleiben", sagte Mama. „Aber ich muss bald los. Ich muss heute eure Oma besuchen, und ihr bleibt mit Papi hier, bis ich wiederkomme."

„Wenn ihr aufgestanden seid und eure Zähne geputzt habt, werdet ihr frühstücken", fügte Mama hinzu. „Danach könnt ihr Bücher lesen oder mit euren Spielsachen spielen. Oder ihr könnt nach draußen gehen und mit euren Fahrrädern fahren."

„Hurra!" Die Hasenbrüder fingen an, glücklich auf ihren Betten zu springen.

„Aber...", fuhr Mama fort, „ihr seid dafür verantwortlich, euer Zimmer sauberzumachen."

"Wenn ich zurückkomme, möchte ich dieses Haus sauber und ordentlich vorfinden. Schafft ihr das?"

„Sicher, Mama", antwortete der älteste Bruder stolz. „Wir sind groß genug und wir können Verantwortung übernehmen."

Nachdem sie ihre Zähne geputzt hatten, servierte Papa ein leckeres Frühstück und ein noch köstlicheres Dessert. Dann fing der Spaß an!

Die Häschen begannen damit, ihr Puzzle zusammenzusetzen. Dann machten sie mit ihren Holzbausteinen weiter. Danach spielten sie mit ihrer Eisenbahn.

„Diesen Zug mag ich am liebsten", sagte Jimmy, der jüngste Bruder, als er den An-Schalter umlegte.

„Das ist das beste Geschenk, das ich zu meinem letzten Geburtstag bekommen habe."

Nachdem sie stundenlang drinnen gespielt hatten, fingen die Hasen langsam an, sich zu langweilen.

„Lasst uns draußen spielen gehen!", sagte der mittlere Bruder und sah aus dem Fenster.

„Ja! Aber wir müssen hier erst aufräumen", sagte der älteste Bruder.

„Oh, wir haben noch genügend Zeit, bevor Mama zurückkommt", antwortete Jimmy. „Wir können später aufräumen." Die älteren Brüder stimmten zu, und sie gingen alle hinaus.

Draußen genossen die drei Hasenbrüder das sonnige Wetter. Sie fuhren mit ihren Fahrrädern und spielten Verstecken. Schließlich beschlossen sie, Basketball zu spielen.

„Wir brauchen unseren Basketball", meinte der älteste Bruder. „Aber ich kann mich nicht erinnern, wo wir ihn hingelegt haben."

„Ich glaube, er ist unter meinem Bett", sagte Jimmy. „Ich werde nachsehen gehen." Damit rannte er ins Haus, in der Hoffnung, den Ball zu finden.

Als er die Tür zu ihrem Zimmer öffnete, war er sehr überrascht. Der Boden war bedeckt mit Puzzleteilen, Bausteinen, Autos, Eisenbahnschienen und anderen Spielsachen.

Da liegen zu viele Sachen auf dem Boden herum, dachte Jimmy, als er zu seinem Bett ging.

Letztendlich stolperte er und verlor das Gleichgewicht. Er versuchte, sich aufrecht zu halten, doch stattdessen fiel er genau auf seinen Lieblingszug.

„Autsch!", schrie er und sah zu, wie die Räder des Zuges in unterschiedliche Richtungen flogen.
„Neeein, mein Zug!" Jimmy brach in Tränen aus.
„Bist du in Ordnung, Liebling?" Papa erschien in der Tür. Aufgrund des ganzen Chaos passte er nicht in das Zimmer.
„Mir geht es gut. Aber mein Zug...", weinte Jimmy und zeigte auf die kaputten Räder seines Zuges.
„Ich kann den Zug nicht einmal sehen", sagte Papa. „Und was genau ist in diesem Zimmer passiert?"

„Jimmy, warum brauchst du so lange?", riefen die Stimmen der anderen Brüder, als sie ins Haus rannten.

„Mein Zug ist kaputtgegangen!" Jimmy hörte nicht auf zu weinen.

„Weine nicht, Jimmy", sagte der älteste Bruder. „Wir werden uns etwas einfallen lassen. Papa?"

„Vielleicht könnte ich ihn reparieren", sagte Papa. „Aber ihr müsst hier aufräumen. Bringt mir den Zug und die Räder, wenn ihr sie gefunden habt." Damit ging Papa aus dem Zimmer.

„Wir müssen uns beeilen, bevor Mama zurückkommt", sagte der älteste Bruder.

„Oh, Aufräumen ist langweilig", sagte Jimmy seufzend und sah sich im Zimmer um.

„Dann lasst uns ein Aufräum-Spiel spielen", rief sein älterer Bruder.

Jimmy war plötzlich aufgeregt. „Der Sturm kommt bald!", schrie er. „Wir müssen all den Spielsachen helfen, zurück in ihre Häuser zu gelangen."

„Wir sind Superhelden", rief der mittlere Bruder.
Er hob Spielsachen vom Boden auf und legte jedes
an seinen rechtmäßigen Platz.

Spielend und mit Freude schafften die Brüder Ordnung und machten alles sauber.

„Sämtliche Räder sind hier", rief Jimmy und rannte mit dem kaputten Zug und seinen Rädern in seinen Händen zu seinem Vater.

„Hier, ich habe den Basketball gefunden!", schrie der mittlere Bruder aufgeregt.

„Leg ihn in seine Schachtel und... wir sind fertig", sagte der älteste Bruder glücklich.

„Es hat wirklich Spaß gemacht", sagte der mittlere Bruder und setzte sich auf sein Bett. „Aber wir haben eine ganze Stunde gebraucht."

„Nein!", schrie Jimmy, als er ins Zimmer kam. „Setz dich nicht dorthin!"

„Was? Warum?!", fragte der mittlere Bruder und sprang vom Bett.

„Du hast gerade dein Bett gemacht. Wenn du dich jetzt daraufsetzt, musst du es nochmal machen", erklärte Jimmy.

„Vielleicht könnten wir jetzt ein Buch lesen", schlug der ältere Bruder vor und ging zum Bücherregal.

„Fass diese Bücher nicht an", rief Jimmy. „Ich habe sie alle nach Farben sortiert!"

„Tut mir leid", sagte der älteste Bruder. „Aber was werden wir machen? Wir dürfen mit nichts spielen."

Sie dachten eine Weile nach und dann rief der älteste Bruder: „Ich habe eine Idee!"

„Was, wenn wir nach jedem Spiel aufräumen?", schlug er vor. „Dann wird es nicht so lange dauern, die Spielsachen wegzuräumen."

„Lasst es uns versuchen", sagte Jimmy glücklich.

Zuerst las der älteste Bruder seinen jüngeren Brüdern ein schönes Buch vor. Als sie fertiggelesen hatten, stellte er es zurück ins Regal.

Als Nächstes bauten sie aus ihren bunten Bausteinen einen großen Turm. Als sie fertig waren, legten sie die Bausteine zurück in die Kiste – und das Zimmer blieb ordentlich!

In diesem Moment klopften Mama und Papa an die Tür.

„Ich habe euch so sehr vermisst", sagte Mama. „Aber ich sehe, dass ihr es geschafft habt, euer Zimmer sauber zu halten. Ich bin so stolz auf euch."

„Und hier ist dein Zug, Jimmy", sagte Papa und gab ihm das Spielzeug. Die Räder waren repariert und Jimmy lächelte strahlend.

„Wer möchte die Kekse probieren, die Oma für uns gemacht hat?", fragte Mama.

„Ich!", riefen die Hasenbrüder und ihr Papa.
„Aber wir werden sie in der Küche essen, nicht in diesem sauberen Zimmer", sagte Jimmy sehr ernst. „Stimmt's, Mama?"

Die ganze Familie fing laut an zu lachen. Sie gingen in die Küche, um Kekse zu essen.

Von diesem Tag an hielten die Brüder ihr Zimmer gern sauber und ordentlich. Sie spielten mit all ihren Spielsachen, aber wenn sie fertig waren, legten sie alle zurück an ihren Platz.

Sie brauchten nie wieder lange, um ihr Zimmer aufzuräumen.

www.ingramcontent.com/pod-product-compliance
Lightning Source LLC
LaVergne TN
LVHW072001060526
838200LV00010B/249